Die Reihe
AUF SCHIENEN UNTERWEGS

Die Erfurter Straßenbahn

Ein offener einspänniger Pferdebahnwagen der Roten Linie (Ilversgehofen–Flora) in der Johannesstraße im Jahr 1888.

Am selben Ort sieht es am 20. Dezember 2007 doch etwas anders aus. Aus der eingleisigen Strecke ist schon lange eine zweigleisige geworden. Ein Combino der Linie 1 hat hier gerade die Haltestelle Boyneburgufer verlassen.

Die Reihe
AUF SCHIENEN UNTERWEGS

Die Erfurter Straßenbahn

Thüringer Straßenbahnfreunde e. V.

Zusammengestellt von Volker Unruh, Manfred Hobe und Thomas Hildebrand

SUTTON
VERLAG

Sutton Verlag GmbH

Arnstädter Straße 8

99086 Erfurt

www.suttonverlag.de

Copyright © Sutton Verlag, 2008
5. Auflage 2023

ISBN: 978-3-86680-250-6

Druck: Florjančič Tisk d.o.o. / Slowenien

Umschlagbild: *Seit Jahrzehnten sind Erfurt und die ega (früher iga) für ihre Blumen bekannt. Den Grund hierfür konnte man einst auch noch am Anger sehen. Einige Busse der Erfurter Verkehrsbetriebe trugen in den Siebzigerjahren die Aufschrift „Blumenstadt Erfurt" oder Werbung für die damalige iga. Die Gelenkwagen G 4 wurden in einer Serie von 40 Wagen beschafft und waren bis 1987 im Einsatz. Heute sind von diesem Typ noch zwei Wagen als Sonderfahrzeuge unterwegs.*

Seit dem Jahr 2003 wird am Hauptbahnhof gebaut. Auch die alte Brücke, die von der Straßenbahn unterquert wurde, ist mittlerweile verschwunden und wird durch einen Neubau ersetzt. Am 20. Dezember 2007 waren die Brückenpfeiler des südlichen Brückenteils gerade im Bau und wurden mit der Eindeckung der Brücke wieder komplettiert. Im Jahr 2008 wird dann auch die Haltestelle Hauptbahnhof unter die Brücke verlegt, sodass sich die Wege zu den Zügen verkürzen. Der Stadtbahnverkehr konnte und kann bis auf wenige Sperrungen immer fahren.

Inhaltsverzeichnis

Fotonachweis und Danksagung

EVAG Archiv: 2o., 4–12, 13o., 14–26, 28–34, 35u., 36–43, 44o., 46o., 47–52, 53o., 54–56, 58, 59, 64, 69, 96, 97;

Thomas Hildebrand: 2u., 3, 101u., 102, 104u., 105o., 106–108, 110–117, 118o., 119o., 120, 121, 122u., 123, 124u., 125–127, 128u., 129, 130o., 131o., 132, 133u., 134, 135, 136u., 137–142, 143u.;

Manfred Hobe: 27, 83, 84o., 85o., 87u., 89u., 90u.l., 91o., 94, 103o., 105u., 109o., 118u., 122o.;

Gudrun Wiegard: 13u., 35o., 60o., 76u., 119u.;

Hans Wiegard: 61o., 62o., 67u.;

Siegfried Unruh: 46u., 53u., 57u., 60u., 61u., 62u., 63o., 65u., 66, 67o., 72u., 77o., 90o., 93o., 95u., 101o., 103u.;

Sammlung S. Unruh/Foto H. Müller: 65o.;

Volker Unruh: 71u., 77u., 80, 82o., 109u., 131u., 133o., 136o., 143o.;

Dietrich Unruh: 62u.;

Carsten Zille: 44u., 57o., 68u., 71o., 72o., 87o., 90u.r.;

Bertram Leisenberg: 70, 91u., 92u., 99o., 100u., 124o.;

Dirk Herrmann: 68o., 75, 78, 79, 85u., 89o., 92o.;

Thomas Kruse: 98u., 99u., 100o., 104o.;

Jens Huschina: Titel, 73, 74, 76o., 81, 82u., 84u., 86;

Bernhard Stützer: 128o., 130u.;

TSF-Archiv: 88, 93u., 95o., 98o.

Die Thüringer Straßenbahnfreunde e. V. bedanken sich bei den Herren Heppe (Vorstand) und Nitschke (Hauptabteilungsleiter Betrieb und Werkstätten) der Erfurter Verkehrsbetriebe AG (EVAG) für die Genehmigung zur Veröffentlichung des Bildmaterials sowie bei den Mitgliedern unseres Vereins für die Mitarbeit und zur Verfügung gestellte Fotos und Zeichnungen.

Einleitung

Erfurt, die heutige Landeshauptstadt des Freistaates Thüringen, war Mitte des 19. Jahrhunderts noch eine Festungsstadt mit allen damit verbundenen Einschränkungen für die Ausdehnung des Stadtgebietes und die Ansiedlung von Industrie. Erst der Abriss der längst veralteten und strategisch wertlos gewordenen Festungsanlagen 1873 ebnete den Weg für eine weitere städtebauliche Entwicklung, welche die bisher vor den Wallanlagen liegenden Stadtgebiete, die sogenannten Vorstädte, einbezog. Noch heute erinnern die Namen der Erfurter Stadtbezirke an diese Expansion: Löbervorstadt, Krämpfervorstadt, Johannesvorstadt, Andreasvorstadt und Brühlervorstadt.

Mit dem Wachsen des städtischen Territoriums und der Gründung von Fabriken am Stadtrand wuchs auch das Bedürfnis nach einem Massenverkehrsmittel. Deshalb entschied der Erfurter Magistrat 1882, zunächst eine Pferdebahn einzurichten – aus Mangel an Vertrauen in die damals noch in den Kinderschuhen steckende elektrisch betriebene Straßenbahn.

1883 ist das Geburtsjahr des Erfurter Stadtverkehrs auf der Schiene. Am 13. Mai – einem Pfingstsonntag – eröffnete die Erfurter Straßen-Eisenbahn ihren Betrieb auf zwei Linien, wenig später folgte die dritte Linie. Noch im gleichen Jahr wurde dank der Bemühungen des Amtsvorstehers der Gemeinde Ilversgehofen – eine bis 1911 eigenständige Ortschaft nördlich der Stadt Erfurt – die an deren Flurgrenze endende Pferdebahnlinie bis zur Ortsmitte verlängert. Somit war Ilversgehofen von Anfang an „flurgrenzüberschreitend" an das Straßenbahnnetz der Stadt Erfurt angeschlossen.

Das eingleisige, meterspurige Liniennetz der Pferdebahn umfasste ca. zehn Kilometer und entsprach in seiner Struktur einem Achsenkreuz mit Verzweigung. Diese Netzstruktur – abgesehen von zeitweiligen Ausnahmen – wurde bis heute in der Innenstadt beibehalten. Netzerweiterungen erfolgten als Verlängerungen oder weitere Verzweigungen der Streckenäste. Schon ein Jahr später – 1884 – verkaufte die Gründerfirma die Erfurter Straßen-Eisenbahn-Gesellschaft an eine Gesellschaft privater Aktionäre, die nunmehrige Erfurter Straßenbahn AG.

Dem Zeitgeist folgend stellte Erfurt die Pferdebahn 1894 auf elektrischen Betrieb um. Die Grundstruktur des meterspurigen Liniennetzes und die Linienkennzeichnung mittels Farbscheiben wurden unverändert übernommen, es kam aber mit der Elektrifizierung zu Linienverlängerungen. Die elektrischen Anlagen und Motorwagen baute und lieferte die Union Electricitäts-Gesellschaft (UEG) aus Berlin für die neu gegründete Erfurter Elektrische Straßenbahn AG (EEStAG). Bis zur Jahrhundertwende wurden Linien verlängert und neu eingerichtet sowie die ersten, leistungsfähigeren zweimotorigen Triebwagen angeschafft. Mit einer neuen Gleisverbindung zweier Streckenäste entstand zeitweilig ein doppeltes Achsenkreuz. Auch eine Ringlinie konnte in Betrieb genommen werden, die sich jedoch nicht bewährte und deshalb bereits 1904 wieder eingestellt wurde. Ihre Streckenteile wurden durch Neubaustrecken in den Osten und Südosten der Stadt ergänzt. Anfang des 20. Jahrhunderts begann der zweigleisige Ausbau. Neue Strecken erschlossen zudem die Oststadt und die im Süden gelegene Kavalleriekaserne.

Wie für alle Verkehrsunternehmen Deutschlands brachte der Erste Weltkrieg und die anschließende Inflationszeit den wirtschaftlichen Niedergang bis hin zu Streckenstilllegungen.

Nach dieser ersten Zäsur im Erfurter Stadtverkehr waren die Folgejahre gekennzeichnet vom weiteren zweigleisigen Streckenausbau und von Innovationen in der Fahrzeugtechnik und Verkehrstechnologie. Die Linienkennzeichnung wurde von Farben auf Ziffern umgestellt.

1920 hatte die Stadt die Aktienmehrheit an der EEStAG erworben. Die Straßenbahn blieb Hauptverkehrsträger im Erfurter Stadtverkehr, obwohl sich das städtische Verkehrsunternehmen auch zunehmend dem Kraftomnibus widmete. Dem Rechnung tragend wurde die Erfurter Elektrische Straßenbahn AG 1938 in Erfurter Verkehrs-AG (EVAG) umbenannt.

Mit dem Zweiten Weltkrieg begann der erneute Niedergang des Stadtverkehrs. Kriegsbedingt kam es zunehmend zu Einschränkungen der Verkehrsleistungen bis zu ihrem völligen Erliegen zu Kriegsende.

Die ersten Nachkriegsjahre waren von anfänglichen Provisorien und einer darauffolgenden Stabilisierung im Betriebsablauf gekennzeichnet. Wie in anderen Städten leistete auch die Erfurter Straßenbahn in jenen Jahren als „Trümmerbahn" ihren Beitrag zur Beseitigung der Trümmer und Ruinen infolge der angloamerikanischen Fliegerangriffe.

Nach einer kurzen Zugehörigkeit (1950) des Erfurter Verkehrsbetriebes zu den Kommunalen Wirtschaftsunternehmen (KWU) wurde er ab 1. März 1951 zum selbstständigen volkseigenen kommunalen Betrieb VEB (K) Erfurter Verkehrsbetriebe. Als das 75. Jubiläum der Erfurter Straßenbahn 1958 begangen wurde, verfügten die EVB über erste Neubaufahrzeuge des VEB Waggonbau Gotha und setzten diese für den Einrichtungsbetrieb auf den bereits mit Wendeschleifen ausgerüsteten Strecken ein. In den Folgejahren waren sämtliche Strecken an ihren Endhaltestellen mit Wendeschleifen ausgestattet. Die erste Nachkriegsneubaustrecke wurde 1960 anlässlich der Internationalen Gartenbauausstellung (IGA) fertiggestellt.

Während bis in die Siebzigerjahre die Gotha-Gelenktriebwagen das Rückgrat des Erfurter Straßenbahnverkehrs bildeten, erfolgte ab 1976 ihre schrittweise Ablösung durch die Tatra-Gelenktriebwagen vom Typ KT4D tschechischer Produktion. Zuvor hatte sich der Rat der Stadt Erfurt im 1975 verabschiedeten dritten Generalverkehrsplan für die Straßenbahn als Hauptverkehrsträger entschieden. Für die Erschließung der neu zu errichtenden Plattenbauwohngebiete an der Peripherie Erfurts sollte die Straßenbahn zur „Schnellstraßenbahn" ausgebaut werden – in Abhebung zu der in der damaligen Bundesrepublik Deutschland verwendeten Bezeichnung „Stadtbahn". Derweil entwickelte sich die EVB zum Tatra-Wagenpark, mit dem sie erstmals in der DDR 1981 die KT4D-Dreifachtraktion und die Heck-an-Heck-Traktion mit KT4D-Gelenktriebwagen erprobte und einführte. Es dauerte aber noch bis 1987, bis auf allen Linien typenrein mit Tatra-KT4D-Triebwagen gefahren werden konnte. Vorher musste aber der ab 1982 in der DDR angegebenen Organisierung des Gütertransports per Schiene nachgekommen werden: Die EVB übernahmen einzelne Gütertransportaufgaben und richteten dafür spezielle Fahrzeuge her. In den Achtzigerjahren wurden sämtliche Neubaugebiete mit Ausnahme des Wohngebietes Roter Berg an das Straßenbahnnetz angeschlossen.

Zum 24. April 1990 wurde der VEB (K) Erfurter Verkehrsbetriebe (EVB) in eine Aktiengesellschaft namens Erfurter Verkehrsbetriebe umgewandelt und benutzt seither wieder das schon bis 1950 verwendete Kürzel EVAG. Im September gleichen Jahres wurde die Straßenbahnbrücke über die Gleisanlagen des Bahnhofs Erfurt Nord in Betrieb genommen und knapp zwei Jahre später – 1992 – die Neubaustrecke zum Roten Berg eingeweiht. Weitere Neubaustrecken zum Ringelberg, zur Messe, durch das Brühl, nach Bindersleben (Flughafen) und zwischen Rieth und Salinenstraße wurden im Rahmen des Stadtbahnprogramms der Jahre 1997 bis 2007 fertiggestellt. Damit erweiterte sich das Stadtbahnnetz nach Angaben der EVAG um etwa 25 Kilometer.

Nach 125 Jahren Straßenbahngeschichte mit ihren Höhen und Tiefen wollen sich die Erfurter Verkehrsbetriebe Aktiengesellschaft (EVAG) mit der Realisierung des Stadtbahnprogramms, einem sanierten Gleisnetz, modernen Wartungs- und Instandhaltungseinrichtungen sowie der Beschaffung und Indienststellung von Niederflurstadtbahnwagen jetzt den Herausforderungen des 21. Jahrhunderts stellen.

Manfred Hobe
Thüringer Straßenbahnfreunde e. V.

1

Von der Pferdebahn
zur elektrischen Straßenbahn

1883 bis 1913

Die Aufnahme zeigt den Pförtchenturm und Wallanlagen mit der von der Erfurter Straßen-Eisenbahn 1884 erbauten hölzernen Pförtchenbrücke mit dem Gleis in Richtung Flora. Bis zur Fertigstellung der Wallgrabenbrücke musste am Pförtchen umgestiegen werden.

Ein Wagen der Roten Linie an der Endstelle Flora (heute Steigerstraße).

Der Pferdebahnwagen der Gelben Linie (später Weiße Linie) vom Andreastor zum Bahnhof befindet sich hier an der Endhaltestelle am Bahnhof. Der Blick geht in die Bahnhofstraße.

Der einspännige Pferdebahnwagen der Weißen Linie fährt auf der Schlösserbrücke in Richtung Anger.

Das Foto zeigt die Ausweiche der Roten Linie am Bartholomäusturm auf dem Anger.

Ein zweispänniger Wagen der Grünen Linie (Hirschgarten–Schießhaus) fährt über die Brücke in der Löberstraße und passiert dabei die Baustelle am Flutgraben an der Löberbrücke. Im Bild sind noch die Reste der ehemaligen Befestigungsanlagen zu erkennen.

Der Pferdebahnwagen der Roten Linie (Ilversgehofen–Flora) befindet sich hier auf der Ausweiche vor der von 1883 bis 1886 errichteten Post.

Auf der Grünen Linie (Hirschgarten–Schießhaus) wurde wegen der starken Steigung in der Arnstädter Straße zweispännig gefahren. Hier verlässt der Pferdebahnwagen Nr. 13 den Hirschgarten in Richtung Löberstraße. Im Hintergrund ist die Kurmainzische Stadthalterei zu erkennen (heute Staatskanzlei).

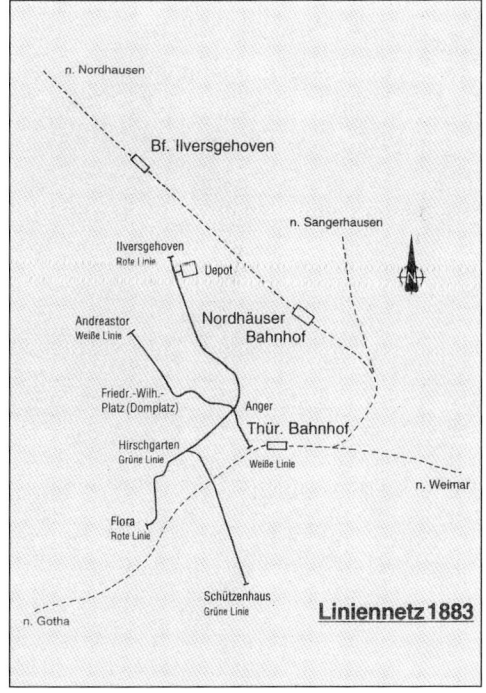

Der Linienplan von 1883.

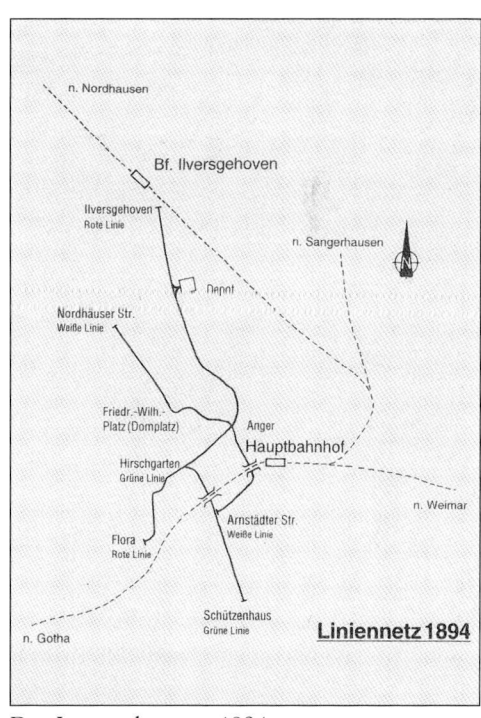

Der Linienplan von 1894.

An der Haltestelle Bahnhof der Weißen Linie (Auenkeller–Arnstädter Straße) steht der Triebwagen 24 der Erfurter Elektrischen Straßenbahn im Eröffnungsjahr 1894.

Blick aus der Predigerstraße zum Fischmarkt auf einen Triebwagen der Weißen Linie.

Der Triebwagen 10 der Roten Linie (Ilversgehofen–Flora) auf seiner Fahrt über den Anger. Im Hintergrund erkennt man die Kaufmannskirche und das Hotel „Römischer Kaiser", an dessen Stelle heute die Einkaufsgalerie „Anger 1" steht.

Zwei Triebwagen der Weißen Linie befinden sich im Jahr 1896 an der Ausweiche an der Andreaskirche in der Andreasstraße.

Ein Triebwagen der Weißen Linie an der Haltestelle mit Ausweiche am Fischmarkt. Während das Gebäude rechts heute noch steht, wurde das linke durch den Sparkassenneubau (1934/35) ersetzt.

Die Straßenszene in der Schlösserstraße zeigt in der Bildmitte einen Triebwagen der Weißen Linie.

1899 wurde die neue Nord-Süd-Verbindung über die Lange Brücke als Grüne Linie (Nordhäuser Straße/Garnisonslazarett–Schützenhaus) in Betrieb genommen. Das Bild zeigt den Wagen 33 bei der Fahrt über die Lange Brücke.

Im Jahre 1899 trafen die ersten zweimotorigen Triebwagen der Serie 31–42 in Erfurt ein. Die Aufnahme entstand an der Endhaltestelle Ilversgehofen nach 1908. Zu diesem Zeitpunkt wurde die Endstellenbezeichnung „Flora" in „Steigerstraße" geändert.

Der Triebwagen 41 verlässt den Anger Richtung Ilversgehofen. Die Häuserzeile dahinter musste dem Posterweiterungsbau mit dem 1905 eröffneten Telegrafenamt weichen.

Der einmotorige Triebwagen 1 aus dem Eröffnungsjahr ist unterwegs auf der 1899 eröffneten Ringlinie (Weiße Linie) an der Ausweiche am Bahnhof. An der Stelle der Gebäude hinter dem Wagen entstand der 1905 errichtete „Erfurter Hof".

Ein Triebwagen der Ringlinie ist unterwegs in der Bahnhofstraße. An der Stelle der damaligen Augustbrücke wurde der innere Wassergraben 1900 verfüllt und als Ringstraße ausgebaut (der heutige Juri-Gagarin-Ring).

Am 25. August 1900 war die Stadt für den Kaiserbesuch geschmückt. Ein Triebwagen der Ringlinie biegt in die Bahnhofstraße ein.

Ein Wagen der Ringlinie befährt die Friedrichstraße (heute Straße des Friedens) in Richtung Pförtchenbrücke, im Vordergrund erkennt man den Espachteich. Im Jahr 1904 wurde die Ringlinie wieder eingestellt.

Der Triebwagen 29 auf der 1904 eingerichteten Blauen Linie (Gothaer Straße–Weimarische Straße) steht an der Endstelle Gothaer Straße zur Abfahrt bereit.

In der Löberstraße ist im Jahr 1901 ein Triebwagen der Grünen Linie (Schützenhaus–Nordhäuser Straße) in Richtung Hirschgarten unterwegs. Noch steht die alte Thomaskirche, die im Jahr 1903 abgebrochen wurde.

Die 1902 neu erbaute Thomaskirche in der Schillerstraße. Hier verkehrte zu diesem Zeitpunkt die Ringlinie und ab 1904 die Wagen der wiederum als Weiße Linie bezeichneten Strecke Brühlerwall–Leipziger Straße.

1902 erfolgten Gleisbauarbeiten auf dem Anger. Dabei wurde erstmals in Erfurt das aluminother-
mische Schweißverfahren angewendet.

Blick aus der Bahnhofsunterführung auf den 1908 fertiggestellten Stadtpark.

Die Flutgrabenbrücke am Bahnhof befährt ein Triebwagen der Weißen Linie. Die Brücke wurde 1909 abgebaut und durch eine neue, breitere ersetzt. Die alte Brücke wurde in der Riethstraße zur Überquerung der Gera wieder aufgebaut.

Das Foto zeigt den Bau der verbreiterten Flutgrabenbrücke am Bahnhof 1912. Aufgrund der Baumaßnahme pendelte der Triebwagen der Weißen Linie zwischen Bahnhof/Stadtparkseite und Brühlerwall.

Ein Triebwagen auf der Pförtchenbrücke: Links erkennt man einen Wagen der Roten Linie nach Ilversgehofen, rechts einen Wagen der Weißen Linie zum Brühlerwall. Das auf der Brücke verlegte Doppelgleis wurde von zwei verschiedenen Linien befahren.

Noch einmal die 1897 erbaute Pförtchenbrücke mit einem Triebwagen der Weißen Linie.

Ein Triebwagen der Grünen Linie pausiert an der Endstelle Schützenhaus, im sogenannten Loch stehend. Als „Loch" wurde der gegen die Steigung abfallende Gleisstummel bezeichnet. Es diente der Vermeidung des unbeabsichtigten Abrollens eines Wagens auf der Gefällstrecke der Arnstädter Straße.

Auf der großen Ausweiche am Anger treffen sich Triebwagen der über den Anger führenden Weißen, Blauen und Roten Linien.

Der Triebwagen der 1912 fertiggestellten Braunen Linie von der Blücherstraße (heute Breit-scheidstraße) zur Kavalleriekaserne befindet sich hier an der Endstelle Kavalleriekaserne.

Die Aufnahme zeigt den Straßenbahnverkehr auf dem Friedrich-Wilhelm-Platz (dem heutigen Domplatz) mit je zwei Wagen der Grünen und Blauen Linie.

2

Kriegszeiten
1914 bis 1945

Der Triebwagen 14 (Baujahr 1894) der Erfurter Elektrischen Straßenbahn AG auf der Blauen Linie Gothaer Straße–Weimarische Straße.

Im Kriegsjahr 1916 steht der Triebwagen 37 an der Endstelle Schützenhaus im „Loch".

Der Triebwagen 65 auf der im Jahr 1912 neu erbauten Strecke Blücherstraße–Hauptbahnhof–Kavalleriekaserne (Braune Linie).

An der Endhaltestelle Schützenhaus – wiederum im Loch – wurde im Jahr 1919 der Triebwagen 34 aufgenommen.

Eine Luftaufnahme vom Hauptbahnhof. Deutlich zu erkennen ist das Doppelgleis auf dem Bahnhofsvorplatz der 1912 neu eingerichteten Braunen Linie.

Der Triebwagen 61 zeigt sich in der in den Zwanzigerjahren eingeführten weißen Lackierung an der Endhaltestelle Hochheimer Straße.

Das Foto zeigt die Endstelle Gothaer Straße mit dem Triebwagen 8. Der Wagen wurde 1925 zum Beiwagen umgebaut.

An der Endstelle Steigerstraße pausiert Triebwagen 34 (Serie 31–42, Baujahr 1899) im Jahr 1926.

Triebwagen 64 der Serie 57–65 wurde 1912 in Weimar gebaut. Er wurde im Jahr 1938 zu einem dreiachsigen Wagen mit dem Lenkachsfahrgestell „System Buchli" umgebaut, blieb allerdings ein Einzelstück.

Triebwagen 39 wurde im Jahr 1929 vor der „Hohen Lilie" in Fahrtrichtung Kettenstraße/Lange Brücke aufgenommen.

Ein Blick in die Kettenstraße mit dem Übergang in den eingleisigen Streckenabschnitt über die Lange Brücke. Der Verkehr blieb im Bereich Kettenstraße/Lange Brücke wegen der beengten Platzverhältnisse immer eingleisig.

Blick auf das Depot in der Magdeburger Straße mit den Triebwagen 41 und 63 im Jahr 1928.

Triebwagen 18 befindet sich hier an der Endstelle Krankenhaus, damals noch ohne Endstellenhäuschen.

Uniformparade um 1927/28: Schaffner – Schaffnerin – Kontrolleur – Fahrer (von links).

An der Endstelle in der Hochheimer Straße steht der Triebwagen 75 (Serie 66–75, Baujahr 1926). Diese Wagenserie war die erste, die gleich vom Hersteller mit geschlossenen Plattformen geliefert wurde.

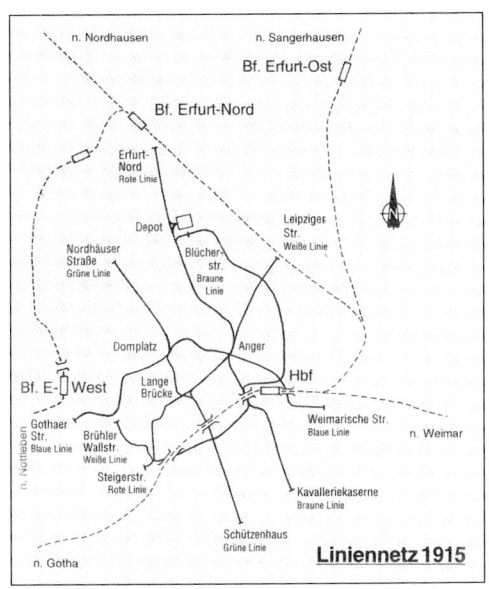

Der Linienplan von 1915.

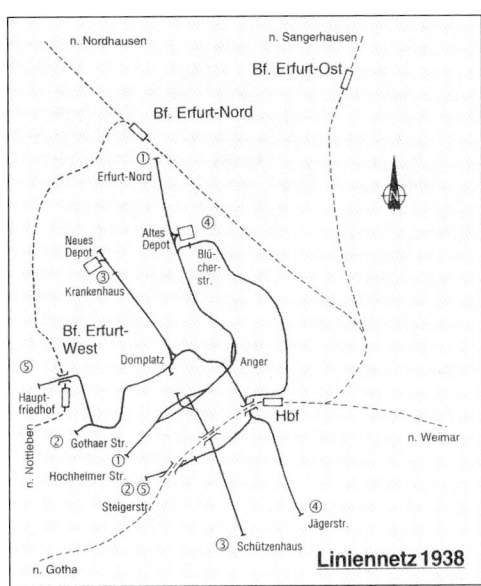

Der Linienplan von 1938.

Blick auf die Lange Brücke von der Regierungsstraße aus. Erkennbar ist die Zusammenführung der beiden Richtungsgleise zum eingleisigen Streckenabschnitt der Langen Brücke.

Der Anger um 1928 mit einem Zug in der Haltestelle. Der Beiwagen 115 wurde 1925 aus einem Triebwagen umgebaut.

Der Anger im Jahr 1930 mit einem Lindnerzug auf der Linie 1 und dem Triebwagen 46 auf der Linie 2 zur Gothaer Straße. Der Lindnerzug erhielt seinen Namen von der Herstellerfirma Gottfried Lindner Waggonbau AG, Ammendorf. Beide abgebildeten Wagen waren Baujahr 1930. Im selben Jahr wurden Ziffern für die Linienkennzeichnung eingeführt.

Blick in die Regierungsstraße an der Kreuzung Eichenstraße/Lange Brücke im Jahr 1930.

Ein Zug der Linie 4 am Leipziger Platz im Jahr 1929. Im Vordergrund liegen noch Schienen der ehemaligen Weißen Linie.

So sah Werbung auf Straßenbahnen anno 1930 aus.

Triebwagen 31 der Linie 2 fährt hier in Richtung Hauptbahnhof. Der Wagen wurde am 12. August 1899 in Betrieb genommen.

Der Triebwagen 43, Baujahr 1904, steht im Depot.

Die Triebwagen 65 (Baujahr 1912) und 67 (Baujahr 1926) stehen im Jahr 1937 in der Blücher-straße (heute Breitscheidstraße).

Um 1936 steht der Triebwagen 44 (Serie 43–49, Baujahr 1904) vor dem im Jahr 1930 in Betrieb genommenen Depot in der Nordhäuser Straße.

Speziell für die Erfurter Verkehrs AG entwickelte die Gothaer Waggonfabrik AG Trieb- und Beiwagen nach modernsten Gesichtspunkten. Dieser Typ wurde in mehreren Serien von 1936 bis 1944 gefertigt. Triebwagen 92 (Serie 88–93, Baujahr 1938) ist hier im Anlieferungszustand auf dem Gelände im Depot Nordhäuser Straße zu sehen.

Triebwagen 92 im Depot Nordhäuser Straße.

An der Endstelle Steigerstraße steht der Triebwagen 89.

Triebwagen 91 der Lieferserie 88–93 wurde am Domplatz (oben) und in der Bahnhofstraße aufgenommen.

Im Zweiten Weltkrieg wurde der Straßenbahnzug mit Triebwagen 103 und Beiwagen 246 in der Hindenburgstraße (heute wieder Arnstädter Straße) aufgenommen.

In Richtung Schützenhaus fahrend wurde der Zug mit Triebwagen 103 vor der „Mitteldeutschen Kampfbahn" (heute Steigerwaldstadion) aufgenommen.

Der Schweißwagen 4 (ehemaliger Triebwagen 44) ist hier nach dem Bombenangriff auf Erfurt am 20. Februar 1944 an der Ecke Gothaer Straße/Meineckestraße zu sehen.

Im Jahre 1935 wurde der Triebwagen 53 zum Arbeitstriebwagen 1 umgebaut. Er steht hier nach einem Unfall im Depot.

3

Wiederaufbau und Konsolidierung
1946 bis 1989

1948: An der Enttrümmerung der Stadt nach dem Zweiten Weltkrieg war auch die Straßenbahn beteiligt. So wurde ein Gleis der „Trümmerbahn" auch an der Barfüßerkirche verlegt. Als Zugfahrzeug für die Trümmerloren diente der Triebwagen 64, Baujahr 1912.

In den ersten Nachkriegsjahren wurden die Straßenbahntrieb- und -beiwagen zum Teil noch mit Sparverglasung eingesetzt.

Zur Verstärkung im Berufsverkehr wurden ab 1949 zusätzlich E-Wagen (Einsatzwagen) eingesetzt. Als solcher gekennzeichnet wurde Triebwagen 65 am Domplatz aufgenommen.

Der durch die Kriegsschäden entstandene Platz an der Einmündung zur Schlösserstraße wurde 1949 zum Bau einer doppelgleisigen Kreuzung auf dem Anger genutzt. Dadurch konnte die Gleisführung der Achse Bahnhofstraße–Schlösserstraße begradigt und die bisherige Haltestelle Anger entlastet werden.

Das Ergebnis des Umbaus der Gleisanlagen auf dem Anger im Jahr 1949.

1950 befand sich das neue Endstellenhäuschen am Hauptfriedhof im Bau. Noch wurde die alte Endstelle mit dem Fahrgastunterstand genutzt. Im Jahr 1952 wurde auch die Gleisschleife in Betrieb genommen.

1950 wurde der Verkehrsbetrieb Bestandteil des Kommunalen Wirtschaftsunternehmens (KWU) der Stadt Erfurt. Triebwagen 88 trägt das KWU-Logo.

Im Jahr 1951 wurde der Verkehrsbetrieb wieder selbstständig und firmierte als VEB (K) Erfurter Verkehrsbetriebe. Der Triebwagen 88 trug nun das neue Betriebssignet.

Der Triebwagen 82 der Serie 82–87 (Baujahr 1936, Gothaer Waggonfabrik AG) ist hier im Betriebszustand der Fünfzigerjahre zu sehen. Der Wagen wurde 1964 zur Thüringerwaldbahn und Straßenbahn Gotha abgegeben.

Auf das Fahrgestell des Triebwagens 64 baute die Firma A. Krüger Wagenfabrik Erfurt im Jahr 1938 einen neuen Wagenkasten, der dem Gothaer Grundtyp entsprach. Der Wagen wurde als Triebwagen 50[II] benummert. Das aus seinen kleineren Abmessungen resultierende geringere Fassungsvermögen brachte ihm den Beinamen „Puppenstube" ein. 1963 gelangte der Wagen nach Eisenach und war dort als Triebwagen 29 unterwegs.

Im Betriebszustand der Fünfzigerjahre präsentieren sich die Triebwagen 62 (oben) und 74. Die Triebwagen wurden 1959 bzw. 1961 nach Eisenach und Mühlhausen abgegeben.

Die doppelgleisige Endschleife an der Thüringenhalle für die Linie 4 ist hier während der Bauarbeiten und nach ihrer Fertigstellung im Jahr 1953 zu sehen.

Abgestellte Wagen während einer Veranstaltung im Stadion 1953.

Ab 1952 wurde der ehemalige Triebwagen 18^{II} (Baujahr 1925) als Arbeitstriebwagen für den Gleisbau eingesetzt. Er wurde 1962 ausgemustert.

1954 erhielt die Linie 4 ihre zweite Endschleife an der Breitscheidstraße. Beim Bau wurden erstmals Großgeräte (Kran) eingesetzt.

In den Jahren 1952 bis 1957 erhielten die Erfurter Verkehrsbetriebe insgesamt neun dreitürige Einrichtungsbeiwagen. Beiwagen 258 (Baujahr 1954) ist hier im Depot Nordhäuser Straße zu sehen.

Der 1956 modernisierte Triebwagen 79 war an den veränderten Perrons (Einstiege), dem Fahrersitz und der neuen elektrischen Ausrüstung zu erkennen. Hier befindet er sich im Jahr 1957 an der Haltestelle Hauptbahnhof.

Straßenbahnverkehr auf dem Anger der Fünfzigerjahre. Bemerkenswert ist die Typenvielfalt der eingesetzten Triebwagen.

Der Verkehr auf dem Anger an den beiden Straßenbahnhaltestellen im Jahr 1957. Auf dem unteren Bild ist ein O-Buszug in Richtung Hochheim erkennbar.

Drei der 1957 gelieferten Neubautriebwagen der Serie 121–124 (Typ T 57 E) befinden sich hier an der Endstelle Kliniken der Medizinischen Akademie.

Triebwagen 105 mit einem dreitürigen Beiwagen steht an der Haltestelle Domplatz.

Blick vom Domplatz in die Marktstraße.

Dieser Zug der Linie 3 bestand aus einem Triebwagen des Typs T57 E (Serie 121–124) und einem dreitürigen Beiwagen und wurde 1959 an der Haltestelle Domplatz fotografiert.

Züge der Linie 1 fahren auf der Pförtchenbrücke (Triebwagen 112) und einige Meter weiter im Dalbergsweg (Triebwagen 102) Richtung Erfurt Nord. Letzterer befindet sich kurz vor der dann bis zur Endstelle Dalbergsweg eingekürzten Strecke.

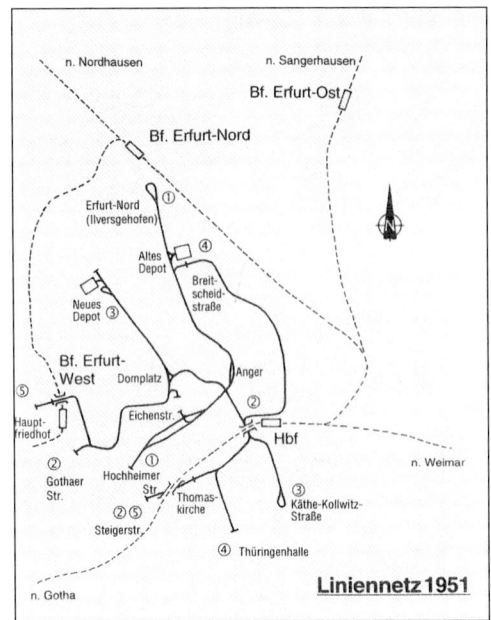

Der Netzplan von 1951. 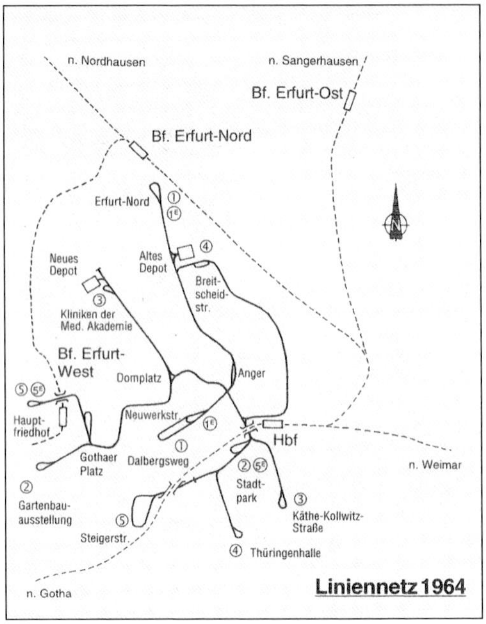   Der Netzplan von 1964.

1961 wurde der Triebwagen 17^{II} (Baujahr 1925) in den Arbeitswagen 8 für Gleisbau- und Winterdienst umgebaut. 1967 wurde der Wagen dann bereits ausgemustert.

Mit dem in eigener Werkstatt im Jahr 1952 zum Einrichtungswagen modernisierten Triebwagen 105 und einem Einrichtungsbeiwagen wurde erstmals in der DDR der sogenannte Fahrgastfluss eingeführt – der getrennte Ein- und Ausstieg. Der Zug biegt hier im Jahr 1963 vom Bahnhofsvorplatz in die Bahnhofstraße ein.

Triebwagen 84 (Baujahr 1936) befindet sich hier im Depot Karl-Marx-Allee (heute Magdeburger Allee).

Der Zug der Linie 3 mit dem Beiwagen 233 (Baujahr 1952) wurde in den Sechzigerjahren am Domplatz aufgenommen.

Im Jahre 1969 wurden vom VEB Waggonbau Gotha letztmalig drei Beiwagen geliefert. Sie erhielten Wagennummern bereits ausgemusterter dreitüriger Beiwagen. An der Endstelle Erfurt Nord in der Roststraße sind dem Dreiwagenzug der Linie 1 die Beiwagen 234[II] und 232[II] angehangen.

Die 1969 im Eigenbau hergestellte Transportlore 15 steht hier im Betriebshof Karl-Marx-Allee. Der Wagen ist auch heute noch vorhanden und im Einsatz. Dahinter ist 1971 der Triebwagen 101 zur Ausmusterung abgestellt.

1971 steht der Triebwagen 117 im Depot Nordhäuser Straße und wartet auf seinen späteren Umbau zum Beiwagen 254^{II}.

Im Jahre 1972 wurde die Endstelle der Straßenbahnlinie 1 in Erfurt Nord aus der Roststraße in die Metallstraße verlegt. Anfangs wurde an einer provisorisch eingerichteten Haltestelle in der Metallstraße (Bild oben) gehalten. Nach Beendigung der Bauarbeiten hielten die Züge dann direkt am Bahnhof Erfurt Nord. Von hier waren zum Umsteigen auf die Buslinien in der Hohenwindenstraße nur kurze Fußwege nötig.

Im Jahr 1973 wurde die Linie 3 im Norden über die bisherige Endstelle (Kliniken der Medizinischen Akademie) hinaus bis zum Pappelstieg (Hungerbachsiedlung) verlängert. Der Eröffnungszug (Gelenktriebwagen 175) steht hier in der Nordhäuser Straße zur ersten Fahrt bereit.

Bereits am 6. Oktober 1974 erfolgte eine weitere Verlängerung der Linie 3 bis in das Neubaugebiet Rieth. Die Endstelle Straße der Völkerfreundschaft war anfangs als Wendedreieck in der Vilniuser Straße angelegt.

Im April 1976 wurden die ersten 20 Triebwagen vom Typ Tatra KT4D geliefert. Sie gehörten zu der 33 Fahrzeuge umfassenden Nullserie für die DDR. Der Triebwagen 404 steht hier im Anlieferungszustand im Depot Nordhäuser Straße. Nach einem schweren Verkehrsunfall 1977 musste er verschrottet werden.

Am 1. Mai 1976 wurde mit den Triebwagen 403 und 405 der Tatra-KT4D-Einsatz eröffnet. Anfangs verkehrten die Wagen im Solobetrieb zwischen der Straße der Völkerfreundschaft und dem Stadtpark.

Triebwagen 81 befindet sich im Juli 1977 auf Fahrschulfahrt in der Neuwerkstraße. Das Eckhaus und die sich rechts daran anschließende Häuserzeile mussten dem geplanten Bau des Hauses der Kultur weichen.

In der Abenddämmerung wartet ein Zug der Linie 1 an der Endstelle Erfurt-Nord auf seine Abfahrt in Richtung Dalbergsweg.

An der Haltestelle Domplatz steht im Februar 1978 der Triebwagen 109 mit einem Beiwagen gleichen Typs.

Noch fährt die Linie 5 durch die Heinrichstraße zum Hauptfriedhof. Im Zuge der Errichtung der neuen Fernverkehrsstraße F4 (heute B4) wurde der Straßenbahnverkehr von der Heinrichstraße in die Rudolfstraße verlegt.

Seit April 1978 befindet sich die Endstelle der Linie 3 an der Ortsteilgrenze Gispersleben und wird als Bukarester Straße (heute Europaplatz) bezeichnet.

Ab 9. Oktober 1978 wurde der Straßenbahnbetrieb über die Wendeschleife Rudolf-, Ludwig- und Heinrichstraße eingestellt. Auf den Fotos, aufgenommen in der Ludwigstraße, sind noch ein Einsatzzug der Linie 4 und eine Sonderfahrt zu sehen.

An der Endstelle Dalbergsweg steht der Gotha-Gelenktriebwagen 190 mit Beiwagen. Seit der Liniennetzentflechtung im Dezember 1978 wird diese Endstelle nicht mehr bedient. Ab Werk waren die Triebwagen 185–190 für den Beiwagenbetrieb mit einer Scharfenbergkupplung ausgerüstet.

Für eine Großveranstaltung waren 1978 an der Thüringenhalle einige Gothawagen bereitgestellt.

Seit der Liniennetzentflechtung Dezember 1978 fuhr die Linie 5 zum Pappelstieg.

Bis 1981 hatte die Linie 5 am Pappelstieg ihre Endstelle. Dort steht im März 1979 ein Dreiwagenzug, geführt von Triebwagen 121 (Baujahr 1957). Der Triebwagen 121 wurde im Jahr 1980
nach Frankfurt/O. umgesetzt.

Der Gotha-Gelenktriebwagen 178 vor dem Lutherdenkmal auf dem Anger.

Ein Zug der Linie 5 hat gerade die Haltestelle Fischmarkt verlassen. Der Gotha-Triebwagen ist mit einem Reko-Beiwagen behangen. 18 solcher Beiwagen wurden in den Jahren 1973 bis 1976 zur Verstärkung beschafft.

In der Nordhäuser Straße fährt der Gotha-Gelenktriebwagen 151 (Prototyp, Baujahr 1959) auf der Linie 5 in Richtung Steigerstraße.

Gerade hat der Wagen 184 den Anger erreicht. Seit der Liniennetzentflechtung verkehrt die Linie 2 zwischen Nordbahnhof und iga (heute ega).

Ein Zug der Linie 3 in der Friedrich-Ebert-Straße hat fast seine Endstelle Käthe-Kollwitz-Straße erreicht.

Der Triebwagen 158 war am 23. August 1980 als Dienstwagen in der Gothaer Straße Richtung Zentrum unterwegs.

Die Tatra-Gelenktriebwagen 422 und 421 (Baujahr 1977) sind hier im Umleitungsverkehr der Linie 4 auf dem Anger zu sehen.

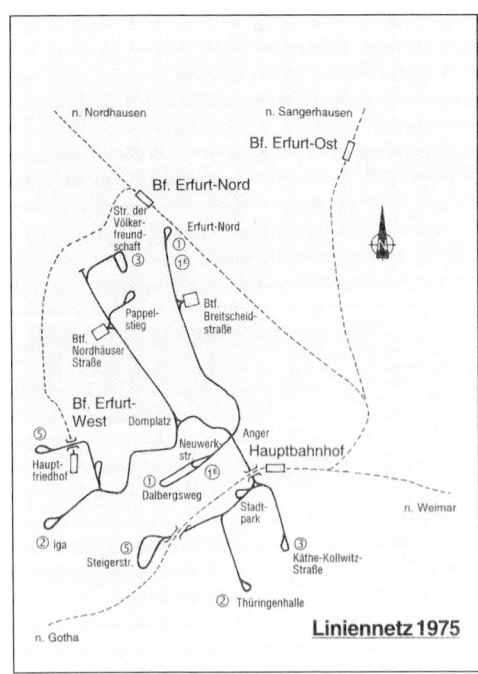

Der Linienplan von 1975.

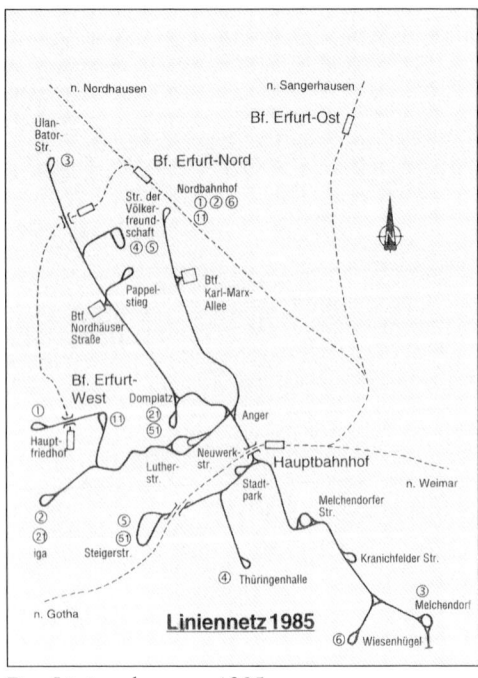

Der Linienplan von 1985.

Nach der Neutrassierung der Strecke vom Gothaer Platz zum Hauptfriedhof durch die Rudolfstraße konnte der Straßenbahnverkehr zum Hauptfriedhof wieder aufgenommen werden. Im
September 1980 steht der Triebwagen 161 als Eröffnungswagen am Gothaer Platz bereit.

Am 30. April 1981 konnte der erste Abschnitt der Süderweiterung der Linie 3 bis zur Schleife
Kranichfelder Straße in Betrieb genommen werden.

Die Fotos zeigen den Straßenbahnverkehr Anfang Mai 1981 auf dem neuen Streckenabschnitt zur Kranichfelder Straße. Die nördliche Endstelle der Linie 3 Bukarester Straße wurde in Ulan-Bator-Straße umbenannt.

Nach erfolgter Neubeblechung sonnt sich der Gotha-Gelenktriebwagen 184 im Mai 1981 in der Breitscheidstraße.

Wagen 176 der Linie 2 war am 28. August 1981 in der Leninstraße (heute Johannesstraße) in Richtung Nordbahnhof unterwegs.

Ein KT4D der Serie 445–473 (Baujahr 1981) bei seiner Anlieferung am Bahnhof Erfurt Nord.

Der aus dem Triebwagen 117 entstandene Beiwagen 271[II] ist hier als letzter Wagen eines Dreiwagenzuges der Linie 11 am Gothaer Platz zu sehen.

Tatras soweit das Auge reicht: bereitgestellt in der Binderslebener Landstraße für die Besucher einer Flugschau.

Aus Gotha kehrte 1980 der ehemalige Triebwagen 92 zurück. Er wurde zum Historischen Triebwagen 92 aufgearbeitet und im Jahre 1983 fertiggestellt.

Im Jahr 1981 wurden elf Gelenktriebwagen der Baujahre 1961 bis 1963 nach Nordhausen abgegeben. Die Verladung erfolgte am Bahnhof Erfurt Nord.

Infolge von Gleisstopfarbeiten zwischen Melchendorfer (Bild oben) und Kranichfelder Straße wurde in Erfurt 1981 erstmals die Heck-an-Heck-Traktion mit KT4D gefahren.

Am 1. Dezember 1981 begann der Probeeinsatz von KT4D-Triebwagen in Dreifachtraktion. In dieser Zeit wurden diese 3-Wagen-Züge durch ein Zusatzschild gekennzeichnet. Die Aufnahme entstand am Endpunkt Ulan-Bator-Straße (heute Europaplatz) im Jahr 1982.

Rechtzeitig zum Jubiläum „100 Jahre Straßenbahn Erfurt" war der Triebwagen 92 als Historischer Triebwagen fertiggestellt worden. Hier steht er am Jubiläumstag geschmückt in der Schleife Platz der Deutsch-Sowjetischen-Freundschaft (DSF).

1982 wurde auch in Erfurt der Güterverkehr per Straßenbahn wieder eingeführt, wofür der Gotha-Gelenktriebwagen 185 zum Gütertriebwagen 21 sowie passendem Beiwagen umgebaut wurde. Das Bild oben zeigt den Gütertransport-Zug beim Zurückdrücken auf das Stumpfgleis an der Entladerampe des Güterschuppens Bahnhof Erfurt Nord (April 1983). Das Bild unten entstand beim Beladen des Zuges in der Schleife Günterstraße. Hierfür musste das Ladegut (Schreibmaschinen) per LKW aus dem nahen Betriebsgelände des VEB Optima zur Ladestelle geschafft werden (Juni 1983).

Der Tatrazug der Linie 3 mit Triebwagen 457 (Baujahr 1981) befindet sich hier an der Haltestelle Domplatz.

Die drei für Erfurt charakteristischen Fahrzeugtypen wurden in der Schleife iga aufgenommen: der Historische Triebwagen Nr. 92 (von diesem Typ wurden 36 Trieb- und 12 Beiwagen beschafft), der Gotha-Gelenktriebwagen G4 Nr. 187 (40 Triebwagen) und der Tatra-Gelenktriebwagen KT4D Nr. 474 (156 Triebwagen).

Die Fotos zeigen Gleisbauarbeiten in der Nordhäuser Straße im Jahr 1983 unter Anwendung von Klettergleisen und rückbarer Oberleitung.

Ende 1981 wurde die Farbgebung der Gotha- und Reko-Wagen denen der Tatra-Triebwagen angepasst. Im Bild ist der Triebwagen 131 mit dem Beiwagen 293 im Juni 1983 auf dem Anger zu sehen.

Ein KT4D-Gespann (459 und 460) in der Hermann-Jahn-Straße (heute Schlösserstraße) im Jahr 1983.

Aus Teilen der Triebwagen 153 und 168 entstand 1983 im Eigenbau der Schwerlastbeiwagen 18, hier aufgestellt in der Schleife iga im Juli 1983.

Der 1969 angeschaffte Fahrschulwagen 10 im Einsatz in der Nordhäuser Straße.

Am 6. Oktober 1983 wurde die von der Kranichfelder Straße bis Melchendorf verlängerte Linie 3 in Betrieb genommen.

Für die Verkehrsüberwachung wurden die Triebwagennummern auf das Dach aufgemalt (493). Beim Triebwagen 419 (149) hatte der Maler die Ziffern vertauscht.

Jahrelang gab es eine Haltestelle an der Poliklinik Mitte am östlichen Teil des Angers.

Am 7. Juni 1985 wurde an der Haltestelle Haarbergstraße die neue Linie 6 zum Wiesenhügel eröffnet. Diese wurde anfangs im 15-Minuten-Takt betrieben und verband das Neubaugebiet mit dem Nordbahnhof. Hier wurden anfangs die Triebwagen der Serie 480–493 eingesetzt.

Aus dem Beiwagen 258^{III} entstand 1986 der Saugwagen für die Gleisreinigung (Arbeitsbeiwagen 11). Hier steht der Wagen am 26. Juli 1986 als Arbeitszug mit dem Arbeitstriebwagen 1^{II} in der Breitscheidstraße.

Die am Bahnhof Erfurt Nord angelieferten Tatra-KT4D-Triebwagen werden vom Arbeitstriebwagen 2^{II} ins Depot geschleppt.

Am 6. Oktober 1987 wurde der Wendezugverkehr zwischen Melchendorf und Ortseingang Windischholzhausen aufgenommen. Hierfür wurden die mit einem zweiten Fahrerstand im Heck ausgerüsteten Triebwagen 405 und 434 eingesetzt. Zusammen mit einem weiteren Triebwagen wurde so je eine Doppeltraktion gefahren.

1987 wurde an der Kaufmannskirche für Havariefälle und Umleitungsverkehr eine Wendeschleife angelegt.

Noch wird die Endschleife Nordbahnhof am 12. September 1987 von den Zügen befahren. Im Jahre 1988 begannen die Bauarbeiten zur Verlängerung der Strecke zum Roten Berg. Die Linien wurden bis zur provisorischen Wendeschleife an der Salinenstraße zurückgezogen.

An den 30-jährigen Einsatz der Gotha-Gelenktriebwagen G4 wurde am 18. März 1989 mit einer Sonderfahrt mit dem Triebwagen 175 erinnert.

Am 15. September 1989 wurde das letzte Teilstück der Linie 3 bis zur Endschleife Windischholzhausen eröffnet. Der Wendezugbetrieb war deshalb nicht mehr nötig. Die Linie 3 hat nun eine Länge von 12,5 Kilometern.

Im Herbst 1989 wurde die Angerkreuzung durch Baumaßnahmen am Unterbau saniert; es wurden Holzschwellen eingebracht. Die Arbeiten erfolgten bei laufendem Verkehr. Zur Eindeckung der Gleise wurden speziell angefertigte Betonplatten verwendet.

Der Straßenbahnverkehr rollt schon, aber im Umfeld der Haltestelle Max-Planck-Straße (heute Melchendorfer Markt) gibt es noch viel zu tun.

4
Modernisierung und Stadtbahnausbau
1990 bis 2007

Ein Zug der Linie 2 biegt in die provisorische Wendeschleife an der Salinenstraße ein. Im Hintergrund ist die schon errichtete Brücke für die Verlängerung zum Wohngebiet Roter Berg zu erkennen.

Der Triebwagen 473 steht als Fahrschulwagen am 4. September 1990 im Innengleis der Wende-schleife iga. In den Jahren 1986 bis 1990 wurde er ausschließlich dafür verwendet.

Am 17. September 1990 fand die Technische Probefahrt auf der Brücke und im Bereich Gru-benstraße statt. Am 29. September 1990 wurde die Strecke bis zur Wendeschleife Grubenstraße eröffnet.

Ende 1990 trafen die letzten 20 Wagen vom Typ KT4D in Erfurt ein. Durch die neue Brücke war der Weg von der Entladung bis zum Streckengleis um einiges länger geworden. Erstmals wurden die Wagen in einer neuen Lackierung und mit Polstersitzen geliefert.

Durch den gesunkenen Fahrzeugbedarf blieben nur 13 Wagen in Erfurt, der Rest wurde Anfang 1991 nach Cottbus weitergegeben. Der Triebwagen 554 steht hier am 20. Dezember 1990 im Depot Nordhäuser Straße und wird den Hof zu Fahrgasteinsätzen nie verlassen.

Genauso geht es dem Triebwagen 555, der deshalb nicht mal beschriftet wurde und der hier im Januar 1991 auf der Harfe im Depot Nordhäuser Straße steht. Der Wagen wäre der einzige dieses Bauloses gewesen, der einen Scherenstromabnehmer erhalten hätte.

Seit April bzw. Mai 1990 waren für gut ein Jahr zwei Essener Wagen vom Typ M8C in Erfurt im Fahrgasteinsatz zu finden, vorwiegend auf der Linie 2. Die Essener Verkehrs AG stellte die Wagen kostenlos zur Verfügung. Im Gegenzug befand sich der Erfurter Historische Triebwagen 92 für ein Jahr in Essen. Im Bild ist der Wagen 1106 in der Schleife Domplatz zu sehen.

In der Schleife iga stehen der Triebwagen 405 (EVAG-Erfurt) und der Triebwagen 1106 (EVAG-Essen) nebeneinander.

Ein Zug der Linie 3, gebildet aus den Triebwagen 532, 533 und 424, ist hier in der Andreasstraße unterwegs, kurz vor der Haltestelle Domplatz.

Seit 1981 werden hier am Pappelstieg Wagen abgestellt, da der Platz in den beiden Betriebshöfen nicht ausreicht. Im Sommer 1991 stehen in der hinteren Reihe (von links) die Triebwagen 500, 440, 510, 430, 429 und 414. Mit der Nutzung der Abstellmöglichkeiten im neuen Betriebshof Südost wurde diese Abstellfläche später aufgegeben.

Seit 1991 werden auch die älteren Wagen rot-weiß lackiert. Im Juni 1991 tauchte mit dem Triebwagen 420 die erste Totalwerbung in Erfurt auf. Zusammen mit dem Triebwagen 432 stehen hier beide Wagen im Juni 1991 an der Haltestelle Nordhäuser Straße.

Im Sommer 1991 wurden die Gleise am Stadtparkkopf saniert. Deshalb war auf den Ästen zur Thüringenhalle und Steigerstraße nur ein Heck-an-Heck-Betrieb möglich. Am Endpunkt am Stadtpark stehen die Wagen 465 und 462 (oben) sowie 466 und 463.

Am 15. Januar 1992 wurde im Betriebshof Magdeburger Allee der Triebwagen 532 auf einen Tieflader mit dem Ziel Görlitz verladen. Wegen des gesunkenen Fahrzeugbedarfs wurden 1992 die Triebwagen 531–535 nach Görlitz umgesetzt.

Ende Februar 1992 kehrte der Triebwagen 536 von seiner Nachbesserung aus dem Herstellerwerk zurück. Er ist somit der einzige Erfurter KT4D der zweimal per Eisenbahn angeliefert wurde.

Am 23. August 1992 fand die Eröffnung der Strecke zum Zoopark statt und der erste in eigener Werkstatt modernisierte KT4D 515 wurde vorgestellt.

Im März 1993 wurde mit einem Phantomfahrzeug das Streckennetz abgefahren, um das Verhalten der bestellten Niederflurwagen zu testen. Mittels angebrachter Farbbehälter wurden Markierungen aufgebracht, wo noch Arbeiten an der Gleisanlage erforderlich wurden.

Bauarbeiten an der Gleisanlage erforderten im Mai 1993 im Rieth den Einsatz des Wendezuges. Die Triebwagen 434 und 436 befinden sich gerade an der Haltestelle Vilniuser Straße. Das Hochhaus im Hintergrund wurde inzwischen abgerissen.

Im Dezember 1993 weilte der Hallenser Niederflurtriebwagen 500 in Erfurt und wurde im Streckennetz erprobt. Vom selben Typ wurden für 1994 vier Fahrzeuge bestellt. Das Foto entstand kurz vor der Thüringenhalle am 21. Dezember 1993.

Im Jahr 1991 hatten die Triebwagen 414 und 417 eine Matrixanzeige zur Erprobung erhalten, die bei beiden Wagen im Jahr 1995 wieder gegen die Zielfilmkästen getauscht wurde. Die Aufnahme des Wagens 417 entstand am 19. März 1994 an der Haltestelle Domplatz.

Am 10. April 1994 standen die KT4D 464 und 463 in der Haltestelle Günterstraße. Wegen Bauarbeiten war die Linie 1 bis hierher eingekürzt und Busse übernahmen den Ersatzverkehr zum Hauptfriedhof.

Einige Jahre verkehrte die Linie 2 zwischen ega und Domplatz meist mit Solo-KT4D. Der Wagen 473 steht hier am 10. April 1994 an der Haltestelle Domplatz und wartet auf seine Abfahrt zur ega.

An vielen Stellen der Stadt wurden die Gleisanlagen saniert. Besonders in der Bahnhofstraße war das durch die beengten Platzverhältnisse nicht gerade einfach. Der Zug – gebildet aus den Triebwagen 456 und 455 – fährt hier am 6. Mai 1994 gerade in den eingleisigen Abschnitt ein.

Am 4. Juni 1994 wurde auf dem Domplatz das Jubiläum „100 Jahre elektrische Straßenbahn"
gefeiert. Im Vorfeld hatte der KT4D-Triebwagen 512 deshalb eine Sonderlackierung erhalten, die
er auch noch heute trägt. Oben ist der Wagen im Jubiläumskorso in der Johannesstraße zu sehen.
Unten pausiert der Triebwagen 516 in der Schleife am Domplatz.

Zum Jubiläum wurde der neue Triebwagen 603 auf Hilfsgleisen am Domplatz aufgestellt und konnte so von den Besuchern besichtigt werden. Seit Mai 1994 sind die neuen Niederflurwagen auf der Linie 1 im Einsatz.

Der Ausbau des Betriebshofes Südost schritt weiter voran und am 8. Dezember 1994 konnte die neue Betriebswerkstatt eingeweiht werden. Vor der Werkstatt haben der Historische Triebwagen 92, der G4-Triebwagen 178[II], der MGT6D 604 und der KT4D 512 Aufstellung genommen, um dann zur Eröffnung gleichzeitig in die Halle zu fahren.

Neben den Triebwagen 418 und 473 wurde auch der Triebwagen 493 als Fahrschulwagen verwendet. Hier fährt er am 3. Juli 1995 gerade durch die Bahnhofstraße.

Ein KT4D-Zug mit den Triebwagen 540 und 541 (Baujahr 1990) an der Haltestelle Gothaer Platz am 21. August 1995.

In der Stotternheimer Straße gibt es eine niveaugleiche Kreuzung mit der Industriebahn, die mit einer Signalanlage gesichert ist. Am 9. Oktober 1995 muss der Zug der Linie 6 (Wagen 437 und 462) warten und erst die Lok passieren lassen.

Mit der Modernisierung erhielten die KT4D auch neue Duewag-Türen. Einige Wagen waren zeitweise wieder mit originalen Tatra-Türen im Einsatz, wie hier am 10. März 1996 der Triebwagen 509 an der Haltestelle Fischmarkt.

1996 wurden die ersten KT4D abgegeben. Einer von ihnen war der Wagen 436, der hier am 24. April verladen in Erfurt Nord steht und die Stadt bald verlassen wird.

In der Wendeschleife Grubenstraße stehen am 25. Juni 1996 der Triebwagen 447 (modernisiert) und der Triebwagen 446 fast in Originalausführung nebeneinander. In den Jahren 1992 bis 1999 wurden insgesamt 63 Wagen modernisiert.

Die Großbaustelle Marktstraße im Juli 1996. Der Triebwagen 528 hat deshalb in der Wendeschleife Domplatz gedreht und fährt wieder Richtung nördliche Neubaugebiete.

Im Jahr 1996 kamen die Wagen 605–609 zur EVAG. Am 1. August 1996 schleppte der Triebwagen 603 den gerade angelieferten Wagen 607 nach Windischholzhausen. Hier ist das Gespann im Bereich der Haltestelle Salinenstraße zu sehen.

Am 8. August 1996 waren die beiden neuen Einrichtungswagen MGT6D, E 605 und 606 erstmals im Linienverkehr auf der Linie 6 im Einsatz. Auf dem Foto hat der Triebwagen 606 gerade seinen Endpunkt am Zoopark erreicht.

Am 16. Februar 1997 steht der Zug (602–603) der Linie 6 an der Endstelle am Wiesenhügel. Für gut eine Woche war das Gespann zu Testzwecken auf der Linie 6 im Einsatz.

Mit seiner Modernisierung 1996 erhielt der Triebwagen 470 eine attraktive Eigenwerbung. Am 29. April 1997 ist er auf der Linie 2 an der Haltestelle Domplatz zu sehen.

Wegen Gleisbauarbeiten verkehrte am 25. Mai 1997 die Linie 3 nur bis Pappelstieg. Der Bus ist soeben angekommen und die Fahrgäste steigen in den Triebwagen 608 (Baujahr 1996).

Wegen einer Großveranstaltung auf der ega sind auf der Linie 2 Großzüge im Einsatz. An der Haltestelle Anger nimmt am 6. Juli 1997 der Zug gerade seine Fahrgäste auf.

Wegen der Gleisbauarbeiten am Anger wendete der Zug der Linie 6 am 12. September 1997 hier am Anger. Mit Einbau des Abzweigs zum Ringelberg an dieser Stelle wurde diese Wendemöglichkeit später entfernt.

Hier liegt am 14. September 1997 das neue Angerkreuz auf der Bitumendecke und wird gerade ausgerichtet. An diesem Wochenende wurde der Neubau dieses wichtigen Knotenpunktes vollzogen und am Montagmorgen rollte der Verkehr wieder.

Am 23. Oktober 1997 wurden die ersten Meter der Strecke Richtung Ringelberg eröffnet. Der Eröffnungszug bestand aus den Wagen 604 und 602.

Im März 1998 war für eine Woche der Prototyp vom Typ Combino zu Gast in Erfurt und wurde im Fahrgastbetrieb zwischen Löberwallgraben und Domplatz eingesetzt. Hier hat der Wagen am 7. März 1998 gerade die Schleife Löberwallgraben verlassen.

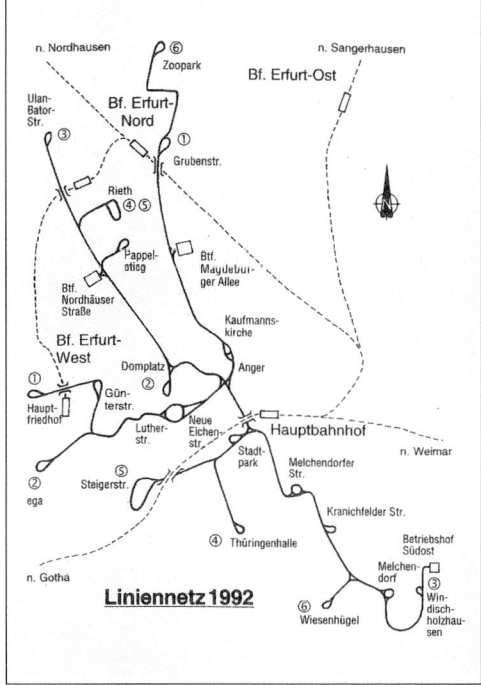

Ein Linienplan von 1992.

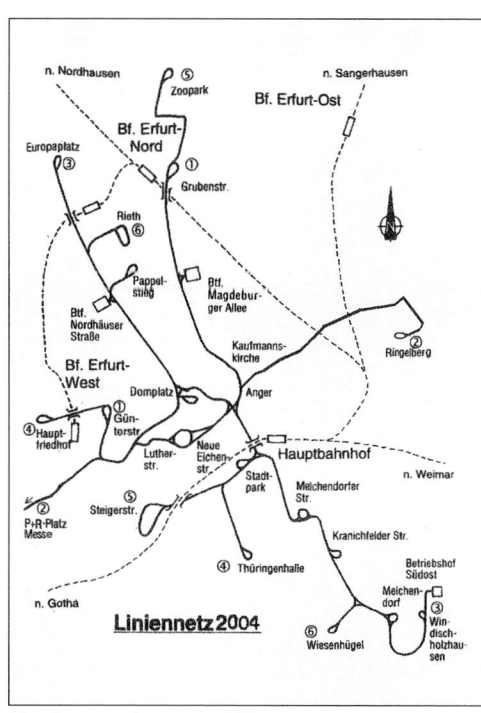

Ein Linienplan von 2004.

Wegen Gleisbauarbeiten zwischen Melchendorf und Windischholzhausen konnte hier nur auf einem Gleis gefahren werden. Deshalb kam am 16. Juni 1998 der Wendezug zum Einsatz – gebildet aus den Wagen 405 und 459 –, der hier gerade an der Haltestelle Industriegebiet Südost steht.

Am 10. August 1998 wurde der erste Wagen (Triebwagen 610) dieses Lieferloses ausgeliefert. Hier überquert er gerade die Stotternheimer Straße, um an der im Hintergrund befindlichen Rampe entladen zu werden.

Der neue Triebwagen 612 wurde am 14. September 1998 gerade von der Entladerampe aufs Streckengleis gezogen.

Ein weiteres Stück Richtung Ringelberg wurde am 7. Dezember 1998 eröffnet. Damit wurde nun erstmals die Haltestelle Krämpfertor von der Straßenbahn angefahren.

Neben der riesigen Baustelle des zukünftigen „Anger 1" steht hier am 2. Oktober 1999 der Historische Triebwagen 92.

Am 12. März 2000 fährt der Arbeitstriebwagen 2^{III} durch die Haltestelle am Anger. Hier entsteht anstelle des Angerecks gerade ein Neubau und die Haltestelle muss verlegt werden.

Ein Blick auf den Anger am 17. März 2000 aus einer Höhe von 60 Metern. Gut ist hier der sanierte Gleiskörper zu erkennen.

Die Abnahmefahrt auf der neuen Strecke zum Ringelberg, hier in der Leipziger Straße mit dem Arbeitstriebwagen 21[II].

Am 27. Mai 2000 wurde die erste und mit etwa fünf Kilometern längste Strecke des Stadtbahnprogramms zum Ringelberg eingeweiht. Erstmalig im Einsatz war auch der erste Erfurter Combino mit der Nummer 621 (Baujahr 2000). Auf dem Foto verlässt der Wagen gerade die Haltestelle am Leipziger Platz.

Am 30. März 2001 ist an der Haltestelle ega von den bald beginnenden Bauarbeiten noch nichts zu sehen und die Wagen stehen noch an gewohnter Stelle.

Das Ende der Wendeschleife an der ega naht. Gut ist hier am 1. Juli 2001 in der Bildmitte die zukünftige Gleistrasse für die Verlängerung der Strecke zur Messe zu erkennen. Seit Abschluss der Bauarbeiten ist von der Wendeschleife hier nichts mehr zu sehen.

Als erster KT4D wird der Triebwagen 430 als Arbeitswagen zur Schienenschmierung verwendet. Hier wartet er am 4. Juli 2001 an der Ampel am Ilversgehofener Platz auf seine Weiterfahrt.

Die zweite Neubaustrecke des Stadtbahnprogramms ist fertiggestellt und wird am 18. August 2001 eröffnet. Die Strecke führt von der Haltestelle ega bis zum neuen Endpunkt P+R-Platz Messe. Die Haltestelle Messe wurde als erste Haltestelle mit drei Bahnsteigen gestaltet. Der Eröffnungszug mit den KT4D 495, 470 und 471 hält (oben) am Bahnsteig in Richtung P+R-Platz Messe. Unten sieht man die Combino-Traktion 625 und 626.

Über drei Jahre war der Triebwagen 607 (Baujahr 1996) mit der Stadtbahn-Werbung unterwegs. Hier hat er am 23. September 2001 als Wagen der Linie 3 auf dem Weg nach Windischholzhausen gerade den Bahnhofstunnel hinter sich gelassen.

Eine weitere Strecke wurde am 23. November 2001 durch das Brühl eröffnet. Hierbei handelt es sich um eine Verbindung, die im Jahre 1978 im Zuge der sogenannten Liniennetzentflechtung schon einmal aufgegeben worden war.

Das Gespann aus Arbeitstriebwagen 2^{III} und dem Bewässerungswagen 13^{II} steht hier am 3. August 2002 im Betriebshof Magdeburger Allee. Für die Bewässerung der Rasengleisabschnitte wurde der Wagen 13 im Jahr 2000 aus der Schotterlore umgebaut.

Am 5. August 2002 wurden erstmals ein fünfteiliger und ein dreiteiliger Combino in Kombination im Linienverkehr eingesetzt – gebildet aus den Wagen 628 und 701. Hier hält der Zug gerade an der Haltestelle Industriegebiet Südost und ist seither immer häufiger auf der Linie 3 zu finden.